맨발에게

맨발에게

2023년 5월 26일 초판 1쇄 인쇄
2023년 6월 9일 초판 1쇄 발행

지은이 | 박화남
펴낸이 | 孫貞順

펴낸곳 | 도서출판 작가
　　　　(03756) 서울 서대문구 북아현로6길 50
　　　　전화 | 02)365-8111~2 팩스 | 02)365-8110
　　　　이메일 | morebook@naver.com
　　　　홈페이지 | www.cultura.co.kr
　　　　등록번호 | 제13-630호(2000. 2. 9.)

편집 | 손희 김치성 설재원
디자인 | 오경은 박근영
영업 | 박영민
관리 | 이용승

ISBN 979-11-90566-58-2 03810

잘못된 책은 구입하신 서점에서 바꾸어 드립니다.

* 이 책은 서울특별시, 서울문화재단 '2022년 창작집 발간 지원사업'의
  지원을 받아 발간되었습니다.

값 10,000원

맨발에게

박화남 시집

작가

■ 시인의 말

조심스럽게 봄을 걸어왔다

꽃이 된

수많은 둥근 것들에게

지는 법을 물었다

2023년 5월

박화남

차 례

시인의 말

제1부
한 걸음 살아있을 때 발은 발을 맞춘다

맨발에게 15
동물의 왕국 16
봄을 수선하다 17
아무렴, 계란 18
죽! 이는 여자 19
멍들다 20
대접을 대접하다 21
고통/사고 22
찬란과 산란 사이 23
걷는다는 것 24
고드름 25
물의 발자국 26
심심한 사과 28
양배추에게 30
썸과 섬 31
가령, 이런 사랑 32
말랑말랑한 못 33

2부
어제 먹은 사치와 두 젓가락 매운 거짓

파리지옥 37
함박눈 38
똥 예찬 39
성질을 다리는 여자 40
순두부 41
사라진 증언 42
감 43
이삿짐 44
플라스틱 러브 45
연애 좀 혀 46
수평선을 당겼다 47
멜랑꼴리한 거품 48
외달도 49
고스톱 징후 50
改名천지 51
해변의 나이테 52

3부
흔적이 마를수록 사람들은 오래 아팠다

人 55
신전을 찾아 56
택배 255 57
호모 마스크쿠스 58
평화를 고발함 59
울새 60
죄와 벌 61
속도를 건너뛰는 남자 62
추풍령 용궁다방 63
키스를 버렸어요 64
가죽장갑 65
네모가 네모에게 66
겨울 파일 67
부추꽃이 피었다 68
감자 깎는 사람 69
가파도 70
그 남자가 사는 법 72

4부
누군가 받쳐주는 일 알면서도 못했다

할리우드 액션 75
붕어의 입장 76
달의 체위 77
두루마리 휴지 78
바이러스 & 바이러스 79
나의 우편함 80
그러는 동안 81
질문의 間 82
민달팽이 서사 83
공중전화 84
구름 위의 사람들 85
한글학교 86
겨울나무 87
우수 88
그 89
울음의 기울기 90
남해 91

해설 92
삶의 구체성과 눈부신 이미지, 그리고 낮은 자리의 미학
_ 손진은(시인, 문학평론가)

1부
한 걸음 살아있을 때
발은 발을 맞춘다

맨발에게

아내가 씻어준다는 남자의 낡은 두 발
구두 속의 격식은 언제나 무거웠다
이제껏 바닥만 믿고
굳은살로 살았다

손처럼 쥘 수 없어 가진 것이 없는 발
중심을 잡으려고 흔들리지 않았다
그래도 바닥의 깊이를
모른다는 그 남자

하루를 감아온 발 물속에 풀어낸다
뒤꿈치 모여있는 끊어진 길 닦으면서
아내는 출구를 찾아
손바닥에 새긴다

바닥을 벗어나려고 지우고 또 지워도
이 바닥이 싫다고 떠난 사람이 있다
맨발은 그럴 때마다
저녁이 물컹했다

동물의 왕국

가까운 거리에서 가장 먼 거리 사이
전화가 울리기 전 내가 먼저 걸었다

우리를 벗어났어도
주파수는 잡혔다

화면 속의 사자가 나를 향해 다가온다
전력으로 뛰어도 내 꼬리는 그 자리

오늘을
따돌리려고
어제를 물어뜯었다

간만의 차이로 잡히거나 살아남거나
식탁 위로 물고 온 한 근의 저녁노을
사자가 소파에 앉아
채널을 훑고 있다

봄을 수선하다

왕년에 한주먹 하며 살았다는 그 남자

그림자의 밑단까지 단번에 잘라내고

새 봄을 박음질한다

꽃피는 간격으로

자르고 싶은 날들 지우고 이어 붙여

어제를 접어가며 하루를 펴고 있다

솔기가 터진 목련꽃

세탁소가 환하다

아무렴, 계란

너무 많이 조심하면 오히려 놓칠 수 있다
어쩌다 떨어뜨렸을 때 나도 같이 떨어졌다

괜찮다, 깨지는 게 삶이지
얼러주는 할머니

생각하니 깨진 것은 계란만이 아니었다
오늘이 얇아져서 내일을 파먹듯이

짙푸른 한 겹의 상처
지워지지 않았다

꽉 쥐면 빠져나간다 잡는 듯 놔줘야지
그때마다 할머니는 아픈 곳을 궁굴렸다

그 자리 붙여놓으면
흉터도 꽃이라고

죽! 이는 여자

가을은 익어가는데
그녀는 텅 비었다
호박죽 끓이는 일이 뜨거운 하루라고
그 자리 오래 머물며
입맛을 저어준다

눈앞이 막막할 때
그리운 건 정이다
푹푹 빠진 맨 삶이 스스로를 달래며
씨를 뺀 둥근 말과 표정
데워서 담아낸다

바깥이 단단해도
속은 더 풀어진다
퍼낼수록 짙어지는 손끝의 아린 농도
더 달게 살아내려고
한 계절을 허문다

멍들다

평생을 납땜으로 대낮을 때우셨던
아버지의 온몸이 밤마다 흘러내린다
불똥이 나를 뚫고서
타는 줄도 모르고

바지마다 검은 자국
불빛의 뒷면이다
멍들은 그 시간들 얼마나 태웠는지
파편을 받아낸 자리
별빛으로 박혔을까

아버지의 별들은 황금빛 구멍이다
안쪽을 끌어안고 붉어서 돌아오면
궤도를 이탈한 나는
더 아픈 멍이 된다

대접을 대접하다

뚝배기 식당에서 목소리가 깨졌다

받아 든 설렁탕에 머리카락 보인다고

자리가 펄펄 끓는다

쩔쩔매는 늦은 밤

트집이 묻어있는 대집과 대접 사이

대접을 받으려면 큰 그릇 되라는데

큰 뜻을 품을 줄 몰라

사람만 부풀었다

고통/사고

1
햇살 물고 날아가다 유리벽에 부딪쳤다
부르르 발을 떨며 까무러친 물총새
급기야 나붙은 안내문
길이 아님 -주인백-

2
더듬이 짚어가던 달팽이가 멈추자
서둘러 좀 가라고 개구리가 건너뛴다
멈추고 서 있는 것도
내 속도의 일부야*

*톤 텔레헨 『고슴도치의 소원』 중에서

찬란과 산란 사이

숨 가쁜 앵무새를 병원에 데려갔다
골반에 알이 걸려 진통이 컸던 것

미끄덩, 놀란 보름달
아랫배를 관통한다

암컷을 밀어내며 먹이를 가로챈 수컷
쇼윈도 부부였나 수컷을 나무랄 때

찬란을 삼키고 되씹어
산란은 찬란하다

간신히 숨 고르며 입맛을 다시는데
먹이를 토해내어 암컷에게 먹여준다

투명한 흰죽 같은 것
둘 사이가 뜨겁다

걷는다는 것

목발로 선 저것은 왼발일까 오른발일까
발이 되어 주려고 약속이 서성인다
당신을
지탱하는 일
경건한 위안이다

어느 쪽으로 기울어도 경사진 후유증
뒤꿈치의 기다림은 시간을 끌어안고

어깨에 피어나는 힘
서툰 걸음 달랜다

어제의 기억만으로 걷지 못하는 외발
가볍거나 무거운 몸이 서로 부축한다
한 걸음
살아있을 때
발은 발을 맞춘다

고드름

지금은 빙점의 시간
맨바닥을
겨
눈
다

언제 녹아내릴 줄 모르는 비정규직

모두 다 올라가는데

내려갈 法
먼저 안다

물의 발자국

모든 것의 발자국이다 사라지는 물결은

한때의 근황을 잔잔하게 기록한다

두껍게 남기지 않고

새롭게 써나갈 뿐

시간을 찾는 것은 물기 없는 뒷모습

몸 풀고 내려앉은 새들의 걸음을

햇살에 찍어 보낸다

넓이와 깊이까지

안쪽은 바깥쪽을 껴안듯이 흘러서

오늘을 얻으려고 오늘을 지우는 방식

그 자리 출렁거리며

물의 몸 읽어낸다

심심한 사과

초록과 초록 사이 실수가 만발해요
벌레 먹은 표정으로
애매한 이파리들

심심한 사과를 드렸는데
떫은맛이 떨어져요

밑바닥의 질문은 어제보다 무거워
한 발짝 물러나면
물러지기 십상이죠

완벽한 타이밍이란
사과의 속성인가요

우리가 가벼울수록 벗겨나간 껍질들

최선을 위해서는
빨강이 필요해요

잘 익은 사과일수록
공손이 찾아오죠

양배추에게

뒤뚱대며 걸어가는
그녀는 가분수다
옆구리에 숨겨놓은 타국의 젖은 날개

눈총을 맞아가면서
속이 자꾸 깊어졌다

돌아 나온 길이거나
막다른 골목길

모서리를 지운다면 굴러가도 좋았다
제 옷을 다 벗어주고
빈손으로 걷는다

썸과 섬

너의 옆에 가려고 물소리를 읽었어
파도의 걸음으로 몇 번을 오갔는지

눈앞에 세워놓아도
연애는 아직 아냐

나는 늘 나를 숨겨 찾는 법을 잊었어
수평으로 다가가면 한 걸음씩 멀어져

또 다른
섬이 되려고
눈빛으로 말했어

너에게 흘러가서 내일을 끌어와도
그 자리 지워져서 뒷모습만 담겼어

끝끝내 주저하던 말
서툴게 출렁거렸어

가령, 이런 사랑

울타리 넘어가다
울타리가 된 등나무

어깨를 뒤틀어서 철조망을 품었다

차갑게 얼어있는 네게
뼈를 심듯 몸을 연다

산등성이 넘어가다
발목 잡힌 나무처럼

그 자리 몸을 굽혀 너를 안아들었다

여기가 어딘지 몰라도
멀리 함께 가겠다고

말랑말랑한 못

한 발 뒤에 물러서서 싸운 적이 없다고
어머니는 말했다 물렁한 못이라고
아무도 찌르지 못해 안으로 파고든다고

뾰족하게 세우고 벽에서 튕겨나도
벽은 벽이 아니라고
어머니는 말했다
얼마쯤 닿아야 한다고
그래야 만난다고

서로가 대못을 치고 뱉었다 지운 흔적
너에게 돌아온다고
못 박히도록 말했다
벽 사이 못 이기는 척 조심히 돌아설 때

흙 속을 파고들며 숨통을 틔워주는
말랑한 지렁이가 우리를 살린다고
그만한 못은 없다고
그런 못이 되라고

제2부

어제 먹은 사치와
두 젓가락 매운 거짓

파리지옥

> 그 길 따라 돌아오는 어김없는 순환자
> 이렇게 기계로 사는 그날들은 아닌지
> - 이태극, 「지하철」 부분

출퇴근 지옥철은 계절이 따로 없다

입을 벌린 도시로 들어갔다 닫히면

하루가 녹아내린다

출구 없는 곳에서

바닥이 멀어질수록 탈출을 내려놓고

식물이라 우기면서 이빨 몰래 키운다

푸르게 웃고 있지만

피 냄새가 나는

너

함박눈

다분히 정치적이다

판을 갈아엎겠다고
발자국 다 지우고
깨끗하게 가겠다고

어쩌나,
한나절 만에 드러난 저 본심을!

똥 예찬

어제 먹은 사치와 두 젓가락 매운 거짓

오늘은 정직했다

몸을 뚫고 나온 것들

끝끝내

소화되지 못해

새파랗게 살았다

성질을 다리는 여자

무엇이든 반듯해야 직성이 풀리는 여자

세 살 때 기찻길에 놀다가 납작 엎드려 반듯하게 살아나온 기적 같은 여자, 아슬한 그 기억으로 하루를 야무지게 펴면서 살아가는 여자, 무릎 나온 추리닝 다리고 쭈글쭈글해진 면티 다리고 다릴 것 없는 팬티도 다리는 여자, 구겨진 성질머리 질서 있게 다리고 엎어진 예의 뒤엎어지게 다리고 입에 달고 사는 욕은 풀 먹여 다리는 여자, 겨울엔 어묵국으로 쌀쌀한 어깨들 펴라 하고 비 오는 날 쓸쓸해도 좋겠습니까 하면서 궂은날을 펴주는 그 여자

환하게 보름달빵 먹고
서쪽에서 뜨는 여자

순두부

물렁하게 살아왔다
순딩이란 소문까지

조금 더 단단하라고
누군가 말하지만

걱정 마, 속은 뜨겁다
그러면 된 거라고

사라진 증언

사거리 중간쯤에 뿌려진 흰 스프레이
누구의 귀가였을까 형체만 남아 있다

신호가 바뀌는 대로
아침이 건너오고

급하게 입을 닫은 우리는 밤이 없어
각자의 방식으로 사라지는 사람들

걸음이 흘러내린다
뒷모습이 녹는다

말할 수 없는 것을 바닥이 읽어내며
몸부림친 흔적을 기록으로 남긴다

입술이 없는 그 자리
내가 누워 있었다

감

몇 겹의 노을을 감고 있는 感이라야 해

물렁하면 칼날을 받아내지 못하거든

끝까지 단단해봐야 단맛을 낼 줄 알지

서리를 달게 맞고 견딜 줄도 알아야 해

감히 곶감이 된다는 건 감사한 일이지

감물 든 두 손이 환하다

그가 따온

달의 젖

이삿짐

낡고 묵은 내 정신을 어디에 둬야 하나
페이지 옮겨봐도 놓을 자리가 없다

빼곡한 시집 옆에서
한참을 서 있었다

칸칸의 기억마다 백지를 꺼내놓고
새로 써 본 고백은
읽을 수가 없었다

결국은 둘둘 말아서
햇볕에 내놓았다

플라스틱 러브

우리 사랑 썩지 않아
어디든 따라다녀
두 손 다 놓아도 깨지지도 않았어
내일이 떠다닐수록
자주 등을 돌렸어

가볍게 버린 약속
파도에 부딪쳐서
먼 바다에 흩어지며 가루가 될 때까지
아득한 우리의 사랑
범고래가 삼켰어

연애 좀 혀

밥 잘 먹는 아들 보면 억장이 무너져서
고모는 긴 한숨을 꿀꺽 삼키고 만다

내세울 직장 아니면
결혼은 별 따기

낼모레 오십인데 통 큰 농사 짓는다는
걱정 없는 아들이 걱정되어 입맛이 없다

수박이 익어갈수록
커가는 붉은 감정

우리도 국제화에 발맞춰 가보자고
별빛 모서리라도 줄을 좀 서보라고

대화가 부쩍 늘었다
늦된 농사 짓느라고

수평선을 당겼다

저 줄을 잡으려고 얼마나 뒤척였나

도시의 뒷면에서 외로운 짐승으로

꽉 문 길 놓지않았다

검붉게 설 때까지

멜랑꼴리한 거품

내가 손을 비빌수록 너는 자꾸 부푼다

모서리가 없어서 가벼워지는 걸까

물거품 되기 전까지

우리는 뭉쳤는데

서로가 커질수록 서로를 잃으면서

중심을 구별 못해 미끄러진 눈빛들

급기야 우리는 모두

한순간에 사라진다

외달도

등대의 불빛으로 눈이 깊은 그 남자
물이 묻은 손편지에 대답이 단단하다
이름과 주소만으로 한 섬을 이루었다

바다를 모르는 도시의 그녀에게
닿지 않은 파도가 오래 출렁거렸다
그 남자 불빛만으로 항로를 벗어났다

섬과 섬을 당기면 물결이 되는 건지
지독히 배어버린 등불 하나 끌어안은
그 여자 손을 건넨다
모래의 그늘까지

고스톱 징후

버스에서 내리자마자
방향이 사라졌Go

노선은 남았는데
코앞에서 멈추었Go

나 홀로 돌아갈 빈집
나 홀로 Stop

어떤 이는 그것을 세월이라 부르고
누구는 울음이라고
혀를 차며 돌아섰다

이윽Go
가는 길 늦춘
슬픔이 웃고 있다

改名천지

발가락 사이까지 이름마저 닦았다

머리카락 설 때까지 너의 몸을 읽었다

남은 힘 비틀고 짜서

수건에서 걸레로

들마루 틈새마다 윤기나게 핥았다

물기를 짚어내듯 네 몸을 더듬었다

통째로

바닥이란 바닥

모조리 훔쳐낸다

해변의 나이테

깊이 새긴 말이라도 멈춰있고 싶지 않다
소문을 숨겨놓은 느티나무 그늘은

말없이 접어놓은 말
푸른 잎을 틔웠다

마음껏 달려가 그 소문을 지웠지만
파도만큼 모래만큼 깊이는 그대로다
노트북 열어놓으면 그 때로 돌아갈까

앞만 보고 뛰어서 뒤처졌던 이십 대
커피숍 벽에 걸린 해변의 그림자들

지친 말 내려놓는다
기억도 잊을 수 있게

커피는 딱딱하고 얼음은 잔잔하다
바다는 제자리에 테두리가 생겼다
수평선 그 너머까지 누군가 다녀갔다

제3부

흔적이 마를수록
사람들은 오래 아팠다

人

흙을 필사적으로 잡아당긴 흔적이다

태풍에 맞서다가 허리 꺾인 참나무

나무들 중심을 잡고
두 팔 벌려 안는다

오로지 참 길만을 꼿꼿하게 지켜서

人처럼 더 살겠다 저렇게 기댄 채로

누군가 받쳐주는 일
알면서도 못했다

신전을 찾아

기도가 필요할 때만
찾아가 엎드렸다

억울하고 속상한 일
모두 일러바치면*

엄마는
깊고도 넓어

나보다
더 엎드렸다

* 딱 한 가지 억울했던/그 일을 일러바치고
 - 정채봉 「엄마가 휴가를 나온다면」 중에서

택배 255

신문지에 떨어진 라면 국물은
지도였다
얽혀있는 길을 풀며 저녁이 끓어올라

후루룩, 돌아서 먹는
막다른 남자의 등

방향등 켜진 길이 매일 흘러내렸다
목구멍이 뜨겁도록 걸음을 삼켜버려

끝내는 불어터지고
표정마저 끊어진다

흔적이 마를수록 얼룩은 깊어진다
오늘의 갯수를 지도에 말아놓고

내일을 머리맡에 두고
한 남자가 눕는다

호모 마스크쿠스

거리에 떠다니는 말이 너무 많았다

가려운 입을 가두려고
감옥을 들고 다닌다

주워서 담을 수 없는 말

사람들은 오래 아팠다

평화를 고발함

주인 없는 공원인데 자릿세 받는 거죠
사람들 자리 펴면 달려오는 비둘기

빈손을 내밀라치면
물똥 찍, 내지르는

반쯤 잘린 발가락 무기처럼 겨눌 때
누구나 기겁하며 자리를 옮겨야죠

바닥을 뒤지다 보면
고개 바짝 쳐들어요

날카로운 부리로 대낮을 휘어잡고
떼지어 몰려와서 평화를 밀어내죠

바람도 꽁무니 빼는
오, 오싹한 평화여

울새

길림성에서 날아온 떠돌이 새, 오마담
김천역 앞 산다방에 둥지를 틀었다
바깥은 멀리서 보낸
싸락눈이 내리고

주전자에 끓고 있는 타국의 낯선 시간
꼬박꼬박 날라준 십 년의 전 재산이
도박에 날아갔다고
눈두덩이 부었다

거리마다 서둘러 귀를 닫고 걷는다
눈 위의 발자국은 집으로 돌아가는데
울어도 눈물 마른 새
날개가 캄캄하다

죄와 벌

맞아야 할 돌이라면 내가 대신 맞겠다

얼어있는 호수가 안고 있는 돌멩이

더 깊이 몸에 박힐수록

아픈 곳이 녹는다

속도를 건너뛰는 남자

물 위를 감고 올라 물새가 되었을까

단단한 걸음으로 물의 길을 가는 남자, 곡선의 노선에서 길을 자꾸 잃는 남자, 건너뛰지 못하면 보폭이 가라앉는 남자, 느슨해진 주말엔 뒤꿈치가 가벼워 산그늘 딛고 가는 날개가 날렵하다 물속에 잠겨있는 발자국이 팽팽하다 물 위에서 남자는 남자 속을 빠져나온다 물수제비뜨며 뒷모습을 털어내는 그 남자,

내일을 찾아가려고
속도를 건너뛴다

추풍령 용궁다방

고래의 꽁무니에 아이를 심어놓고
마담으로 사는 여자 지느러미 보았어요

한 사람 기다리느라
떠나지도 못하는

용궁에도 한나절 복사꽃이 피어서
흔들리는 수심을 환하게 밝혔어요

바닥에 쪼그려 앉아
점자로 봄을 읽는

바다를 당기면서 출렁거리는 여자
마지막 페이지를 하얗게 비웠어요

뱉어낸 혼잣말조차
오도 가도 못하는

키스를 버렸어요

번화가 모퉁이에 오늘이 버려졌다
이정표 붙어있는 어제 힘껏 밀면서

꽉 잠긴
사랑을 쥐고
지루하다고 말했다

약속이 익숙해서 기호는 잊었을까
서로 놓친 그 날은 어둠이 더 짙어서

혼자서
열 수 없는 밤
별을 마주 포갰다

가죽 장갑

아버지는 없는데 낡은 손만 남아서
마디가 굽은 채로
창고에 걸려있다

그 겨울 마지막 지문
희미하게 묻어있는

껍질이 벗겨져서 더 시린 손가락들
이제야 마주 잡고
내 손을 끼워본다

함부로 버릴 수 없는
두 손이 나를 잡는다

네모가 네모에게

오토바이 타고 가며
뿌려지는 이름들

틈새에 꽂히거나 거리에서 자란다

서로가 모르는 사이
언제쯤 꽃이 될까

바닥에 붙어있는 일그러진 얼굴들

납작해진 슬픔을
접으며 살아난다

네모가 네모들에게
구겨지고 밟혀도

겨울 파일

하늘로 날고 싶어 나무에 앉아 있다
언 땅에 뿌리 박힌 용대리 황태덕장

먹구름 터널을 뚫고
해일로 밀려온다

입 있어도 말 못 하는 꾸덕한 동태처럼
폭설 가득 머금고 살이 터진 사람들

칼바람 손으로 잡고
겨울을 뒤집는다

등줄기를 흐르며 오래 젖어 비린 말
얼었다 녹았다가 너에게 가닿는다

공중에 마르는 햇살
뼛속까지 저장한다

부추꽃이 피었다

그날도 어김없이 할머니는 돋아났다
유모차에 실어와 숨을 고른 부추 몇 단
터미널 모퉁이에 앉아
시들지 않았다

오늘은 얼마예요 먼저 묻는 사람들
각자의 계산법으로 표정을 쏟아붓는다
모두들 오고 가는 길
발밑을 밝히면서

피가 돌면 내일도 또 피는 줄 알았다
그날은 발끝에 국수그릇 밀어놓고
마른 등
벽에 기대어
어린 별이 되었다

감자 깎는 사람

당신이 웅크릴 때 속은 더 단단했어
눈빛을 읽기 위해 돌려 깎은 한나절
껍질에 묻어나는 건
뜬 눈의 밤이었어

눈마다 뻗어나간 둥글둥글한 집 한 채
얇은 옷을 입어도 안으로만 자라나
젊은 날 순백을 풀어
구석까지 환했어

어깨가 결릴 때마다 엄마를 심어놓고
푸르게 눈을 뜨면 수줍은 싹이 텄어
오늘밤 모서리 없는
당신 활짝 열렸어

가파도

밀물로 나갔다가
썰물로 들어와서

제 살 깎는 달처럼 유전자 품었을까
푸르게 바다만 믿고 바다로 간 그 여자

한 겹씩 몸을 벗겨 물의 껍질 마저 벗겨
생목이 오르기 전 바다를 쏟아낸다
성근 밤 읽어 내리며 눈을 감은 그 여자

손끝이 무르다고 시집살이 매웠어도
말도 마라 그 바닷속 캄캄한 동굴이지

굽이진 손아귀 힘껏 당겨보는 수평선
수심의 경계에선 바닷물이 저려와도

숨가쁘게 살았다 바닥도 내 집처럼
혹 하나 등에 매달고 내미는 부르튼 발

갚아도 갚아내도 가난한 이력마다
담보로 걸은 팔십, 물질하며 펼친 나이

햇살을 당겨놓고서
무릎마다 출렁인다

그 남자가 사는 법

바닥을 뚫을 듯이 부서지고 깨진다

아찔한 높이에서 뛰어내리는 폭포

끝까지 가본 적 없어

흘러가는 그 남자

제4부

누군가 받쳐주는 일
알면서도 못했다

할리우드 액션

새끼를 구하려고 어미는
몸을 던진다

족제비 매운 눈을 따돌리기 위하여
일부러 비틀거리며
물가로 유인한다

둥지를 멀리 두고
물떼새 날개 꺾인 척

더 크게 아프다고
소리쳐야 살 수 있는

잡힐 듯 잡히지 않는
저 몸짓이
뜨겁다

붕어의 입장

오늘의 출구가 낚싯줄에 팽팽해요
쉬운 것은 언제나 떡밥처럼 풀어지죠

물비늘 부풀어 올라
하얗게 부서져요

1℃의 수온이 숨차게 올라갈 때
불러온 배를 안고 수초를 찾아가요

척하죠
미끼는 미끼
허기는 허기일 뿐

산란의 장소마다 물소리가 싱싱해요
새끼를 내보내는 어미는
찬란하죠

뜨거운 물결을 딛고
박차고 올라요

달의 체위

시가 좀 안 될 때는 처음을 더듬는다

위아래 바꿔보고 사정없이 지우면서
동사는 조금 눕히고 부사를 떼어본다

초승에서 상현까지 보름에서 하현까지
그믐엔 뜬눈으로 은하를 찾아간다
낮달이 허를 찌르며
문장 한 줄 놓는 동안

서쪽으로 지나가는 그림자 따라가며
사흘을 펼쳤다가 한 열흘 당겨본다

그곳에 닿기 위해선 몸을 좀 낮춰야지

두루마리 휴지

버리는 게 휴지인데
새것도 휴지라니

겉과 속 한 겹 같이
제 몸을 다 바친다

사람들 뒷일 봐주며
무게 잡지 않는다

바이러스 & 바이러스

더 이상 군중 속에 들어가지 마십시오
너무 많은 정보는 떫은맛이 납니다
슬픔을 옮겨갈 수 있다고
확신할 수 있나요

앵무새를 놓아주고 거리를 두십시오
새장 속의 오늘은 어제를 지저귑니다
당신을 터트립니다
따라 읽지 마십시오

거울 속의 흐린 나는 당신의 밤입니다
고통을 배반할 때 피어난 검은 비명
그대로 돌아가십시오
격식은 있습니다

나의 우편함

기다리는 일에는 이골이 나 있다
계절을 뒤척이며 바깥을 여닫다가

혼잣말 봉해놓는다
독거의 남자처럼

어김없이 오는 것은 메마른
독촉이다
한 달 치의 방황을 고지서가 읽어낼 때
두 손엔 녹슨 먼지뿐
인기척은 없었다

나는 점점 비워져 분명해진 어제들
꼿꼿하게 서 있어도 오늘에 닿지 못해

그 속을 또 열어본다
무덤이 된 안부처럼

그러는 동안

그를 두고 사람들은 깜깜하다고 했다 그림자 밟으면서 모두가 손가락질했다

보름달 떠오르자마자 허리 바로 숙였다

질문의 問

하나의 질문에는 서른 개의 꽃이 핍니다
검붉게 물드는 게 사람의 일이니까요

입구를 꽃 피우려면 타이밍이 중요해요
한 잎의 걸음으로 소문이 열리면

잘 자란 나는 또 겨울의 입구입니다
어제가 닫힌 창문은 슬픔의 기호여서

거리의 사람들이 문 앞을 헤맵니다
서로를 닫기 위해 빨개진 귀가 서고

우리는 뒷걸음치는 방식으로 멀어져
출구를 잡으려면 어제가 필요해요

지문을 말아 쥐고 문 뒤에서 지는 꽃
내 앞에 떨어집니다 수천 개의 대답으로

민달팽이 서사

없다고 생각하니

없는 짐이 무거웠다

버렸다 생각하니 가볍다, 살아있다

몸으로 받아내는 바람

더 달다

팽팽하다

공중전화

두절된 사람에게 동전을 넣는다
처음의 감정으로 눌러보는 그 자리
떨리는 나만의 번호
저장되지 않는 안부

외면하는 얼굴은 공중으로 사라져
우두커니 서 있는 오늘을 누르는 대신
날씨를 베껴적는다
발신음 내려놓고

구름 낀 목소리가 공중에 떠다닌다
어제의 숫자들은 손끝을 열지 못해
우리는 장식품처럼
서로를 지나친다

구름 위의 사람들

혼자의 섬이 되는 휴게소 흡연구역

목적지 앞에 두고 정박중인 걸음들

저마다 돛대를 달고

모래밭에 꽂혀있다

모르는 사람끼리 숨 고르는 어깨들

폐부를 돌아 나온 질주가 자욱하다

속도를 비벼 끄면서

섬은 또 섬이 된다

한글학교

새끼들을 키우느라 까막눈 켜고 살아

삐뚤삐뚤한 웃음이 손끝에서 피어난다

오늘도 7학년 교실
불 밝히는 발걸음

사이시옷 잘 씻어 솥에 쌀을 안치고

비읍을 퍼담은 밥, 고봉으로 먹었다

받침을 놓치긴 해도
이만하면 한글 부자

겨울나무

옹이 박힌 나무는 도끼를 밀어내서
몇 번을 내리쳐도 거부의 몸짓이다

설수록 튕겨져나간
내 젊은 날처럼

가지를 잘라내면 올라가는 힘이 될까
나무 그늘 길게 펴서 기다려준 아버지

나는 늘 중심을 잡고
그 속에서 살아왔다

우수雨水

참았던 울음들이 강물로 얼어있다
엄마라는 이름을 기울게 잠가놓고

봄인데 녹을 줄 몰라
조절이 안 된다고

울고 싶지 않은데 눈물이 난다고 했다

눈가에 트인 물꼬를 연신 닦아내며
손수건 짓무르도록

엄마가 녹고 있다

그 속에 나는 얼마나
찬물을 끼얹었나

남몰래 돌아서서 그 자리 붙들고 앉아
소리도 낼 줄 모르고 짠맛도 잃어버린

그

벗겨지고 색바랜 장인의 낡은 혁띠
가보처럼 아끼며 허리에 두른 사람
가볍게 웃기만 해도
환해지는 그런 사람

음치 박치 몸치라 노래 못한다 하면서
될 때까지 한다고 눈 맞추는 그 사람
한 숟갈 밥이라도 남기면
어디 아프냐 묻는 사람

청바지 뒷주머니 실밥 풀린 단추처럼
내 눈에만 보여서 바늘이 되는 사람
한 땀씩 시간을 꿰매도
눈에 자꾸 밟히는

울음의 기울기

외로워서 죽겠다는 짜디짠 말 앞에서
봄날이 다 간다고 비스듬히 불러보는

노래에 눈금이 없다
주름지고 짓물러

기울어진 슬픔은 슬픔으로 껴안는다
떨어지는 꽃잎에 머리를 기대고

그녀가 깊어지는 동안
물기가 차오른다

밑바탕이 둥글어 놓쳐버린 눈물에
어깨를 내주느라 어깨가 기운 사람

밤바다 밤새 받쳐준
숨은 해로 일어선다

남해

섬이 된 동백을 보면 그냥 붉게 살고 싶다

| 해설 |

삶의 구체성과 눈부신 이미지, 그리고 낮은 자리의 미학

손진은(시인, 문학평론가)

1

박화남은 언어를 '엮고' '풀고' '다스리는' 역량과 보이는 것에서 보이지 않는 것을 읽어내는 혜안이 돋보이는 시인이다. 대상에 대한 깊은 사유와 오랜 숙성을 거친 후에 빚어내는 심미감 넘치는 선명한 형상화는 언어에 대한 예각으로 시 읽는 맛을 싱그럽게 출렁이게 하는 매력이 있다. 예컨대 첫 시집의 「초승달」이라는 작품.

뒤집어
벼린 밤을
다시 한번 뒤집어서

금은화 깊은 울음
한 줌 깊이
베어내고

굽은 생
펴지 못한 채

조선낫이 된
아버지

  울림의 진폭이 참으로 크다. 대상의 형상과 서술을 간접화로 처리하여 '벼리다'에 '밤'을 여러 겹으로 붙이며 "금은화 비린 울음"을 베어내고 마침내 "펴지 못한" 굽은 생이 조선낫이 되는 이 감각과 현실인식은 왜 시조가 응축과 절제미학에 충실한 민족의 장르인가를 보여준다. 반면 같은 첫 시집의 아래 작품은 사람의 생이 영원성에 도달하는 지점을 여실히 보여준다.

허공에도 길을 내어 달리고 싶은 걸까

보름달 이마 위에 지문 몰래 찍어 두고

아버지
바퀴를 굴린다

세상이 다 둥글도록

태풍이 길 막아도 멈춘 적 없었다는

사십 년 연애 같은 우체부 가방 놓자

어깨가
가벼워진다며
지붕 위로 올라갔다

-「지붕 위의 자전거」 전문

현실과 상상의 자재로운 변주가 놀랍다. 두 라비노비츠의 뮤지컬 〈지붕 위의 바이올린〉에서 발상을 가져왔을 법한 이 작품에서, 지붕 위로 올라간 아버지의 자전거는 당연히 죽은 아버지의 객관적 상관물이다. 시인은 실제로 "어깨가/가벼워진다며/지붕 위로 올라갔다"라는 말로 죽은 아버지의 이동을 감동적으로 묘파한다. 그러나 놀라운 건 그때부터 아버지의 삶이 더 높은 차원으로 승화된다는 사실이다. 우체부의 삶이란 길이 길을 부르는, 길 끝에 또 길이 더해지는, 인정人情과 세사世事가 놓인 길의 내력을 자전거 바퀴에 감아 돌리는 일이 아닌가? 그러니 그 바퀴는 우체부인 아버지가 "사십 년 연애 같은 우체부 가방"에서 무수한 이름들을 호명해낼 때마다 그 행복과 슬픔, 삶과

죽음의 길을 묵묵히 다지며 굴리던 아버지의 분신이다. 그러나 이제 자전거가, 아니 아버지가 지붕에 올라감으로써 우리는 우체부인 아버지가 홀가분하게 "세상이 다 둥글도록" 굴리는 그 리듬에 맞춰, 마침내 천체(달)를 돌리는 영원의 존재가 되는 경이를 체험한다. 시인의 환상과 무의식이 빚어내는 아버지의 노동행위는 당연히 현실의 곤고와는 반대편에 놓인 "어깨가 가벼워진" 유쾌한 노동이다. 일생을 타자를 위해 우직하게 길 위를 달리며 자신의 생을 겸허히 감당한 아버지 생애에 대한 감사와 빛나는 후생에 대한 헌사가 아니고 무엇이겠는가? '보이는 것에서 보이지 않는 것을 읽어내는 혜안'이라는 앞서의 언급은 이런 경우를 두고 하는 말이다. 이 시조는 특히 첫째 수와 둘째 수의 시간을 역순행적으로 구성함으로써 시적 완성도와 깊이를 한결 돋보이게 한다. 앞의 시가 응축이 승한 반면, 뒤의 시는 유연성이 굽이친다. 어느 경우라도 박화남의 작품은 현실 삶의 핍진한 구체성과 이미지가 가진 눈부심을 등한히 하지 않으며 입체적이고 다층적인 언어로 예측하기 어려운 심미성에 도달하는 힘을 가지고 있음을 우리는 살필 수 있다.

2

이번 시집은 그 양상이 다채롭고도 은밀하게 펼쳐진다. 시인은 인간만이 세계의 중심이 되는 인간중심적 사고에서 널찍이 벗어나 육친이나 이웃들의 삶은 물론 삶의 현실, 우리가 미물이라고 부르는 생물, 자연 현상, 생태와 우주에 이르기까지 미세한 촉수를 거느리며 우리의 나태한 생의 감각과 기율을 일깨운다. 좋은 작품에는 세상에 흔하게 존재하기에 오히려 지나쳐 버리는 작은 부분까지 보듬고 깨우며 우리 생의 질서 속으로 편입시키는 힘이 있다고 할 때 박화남의 시조는 바로 그런 경우에 해당한다고 할 수 있다. 먼저 육친과 가까운 살붙이를 통해 생의 진실을 일깨우는 작품을 살펴본다.

아버지는 없는데 낡은 손만 남아서
마디가 굽은 채로
창고에 걸려있다

그 겨울 마지막 지문
희미하게 묻어있는

껍질이 벗겨져서 더 시린 손가락들
이제야 마주 잡고
내 손을 끼워본다

함부로 버릴 수 없는
두 손이 나를 잡는다

-「가죽 장갑」전문

"아버지는 없는데 낡은 손만 남"는 미학은 인간의 발과 구두를 결합한 르네 마그리트의 〈붉은 모델〉(1935)을 연상하게 하는 측면이 있다. 화자는 어느 날 문득 "마디가 굽은 채로/창고에 걸려있"는 "껍질이 벗겨져서 더 시린 손가락들"인 가죽 장갑을 발견하고 눈시울이 젖는다. "그 겨울 마지막 지문(이)/희미하게 묻어있"기에 화자에게는 절실한 대상이 되기 때문이다. "이제야 마주 잡고 손을 끼워"보며 다가가는 것은 그만큼 생명성을 불러일으키려는 간절한 노력에 해당한다. 그 다가감 끝에, 놀라워라, 대상은 주체로 바뀌어 "두 손이 나를 잡는" 반전이 일어난다. 신발이기도 하고, 발이기도 했던 양가성을 보여주었던 〈붉은 모델〉과는 달리 아버지의 가죽 장갑은 완벽히 아버지의 손과 일체가 되어 혈육의 피가 흐르게 된다. 그 결과 "아버지는 없"지만 내 앞에 있는 아버지의 "두 손이 나를 잡는" 기적이, 잊혀질 때마다 내 삶의 현장에서 그것도 영속적으로 이루어지는 것이다. 대부분의 시인이 소극적으로 대상에 다가가고 주체 쪽에서 일방적으로 감각하는 서정의 한계를 보여준다면 시인은 그 미세한 틈을 파고들어 대상과 주체가 서로 교호하는 놀라운 순간을 내밀하게 선취한다. 이것이 시인 박화남의 뚜렷한 강점이다. 아버지가 노동하는 손의 투박함을 보여주었다면 아내, 어머니, 할머니는 모든 것을 낮게 감싸 안는 둥근 기율을 거느리고 있다. 당연히 이때의 아내, 어머니, 할머니는 육친이면서 이 땅의 보편

적인 모성으로서의 속성도 가진다.

>아내가 씻어준다는 남자의 낡은 두 발
>구두 속의 격식은 언제나 무거웠다
>이제껏 바닥만 믿고
>굳은살로 살았다
>
>손처럼 쥘 수 없어 가진 것이 없는 발
>중심을 잡으려고 흔들리지 않았다
>그래도 바닥의 깊이를
>모른다는 그 남자
>
>하루를 감아온 발 물속에 풀어낸다
>뒤꿈치 모여있는 끊어진 길 닦으면서
>아내는 출구를 찾아
>손바닥에 새긴다
>
>바닥을 벗어나려고 지우고 또 지워도
>이 바닥이 싫다고 떠난 사람이 있다
>맨발은 그럴 때마다
>저녁이 물컹했다
>
>- 「맨발에게」 전문

구체적인 정황이 문맥에 드러나지 않고 암시적 묘사로 일관하는 이 시조에서 아내는 내면의 고통을 삭여내는 남자의 조력자이면서 위로자이다. 그녀는 남자의 고단한 삶을 맨발 씻기를 통해 물속에 풀어내고, "뒤꿈치 모여있는 끊어진 길 닦으면서/출구를 찾"고 그 출구를 "손바닥에 새"겨내는 인물이다. '끊어진 길'은 무엇일까? 그것은 아마 그 바닥에서 떠나고 싶은 남자의 마음으로 읽힌다. "언제나 무"겁기만 한 "구두 속의 격식"을 갖추어야 하는 그 바닥 삶, "바닥만 믿고/굳은살로 살"아온 남자조차도 아직도 "바닥의 깊이를/모"르기에, 그 길은 자주 끊어지는 것이다. "이 바닥이 싫다고 떠난 사람이 있"는 이런 정황 속에서도 아내는 남자가 이 바닥에 살아남기를 원한다. '물컹한 저녁'이 암시하듯 아내로 인하여 남자의 가족은 비애에도 함몰되지 않고, 의연함과 생명성을 유지할 수 있는 것이다. 이 작품은 임시적 속성상 아내의 역할이 내면화하는 경향으로 흐르고 있다고 할 수 있다.

　　너무 많이 조심하면
　　오히려 놓칠 수 있다
　　어쩌다 떨어뜨렸을 때 나도 같이 떨어졌다

　　괜찮다, 깨지는 게 삶이지
　　얼러주는 할머니

생각하니 깨진 것은 계란만이 아니었다
오늘이 얇아져서 내일을 파먹듯이

짙푸른 한 겹의 상처
지워지지 않았다

꽉 쥐면 빠져나간다 잡는 듯 놔줘야지
그때마다 할머니는 아픈 곳을 궁굴렸다

그 자리 붙여놓으면
흉터도 꽃이라고

- 「아무렴, 계란」 전문

   세 수로 이루어진 이 시조는 시인의 작품에서는 드물게 할머니 화자가 첫째 수와 셋째 수에 등장하는데, 낙관적인 어조와 함께 진술을 통한 깨달음이 할머니의 발화를 통해 드러나면서 모든 것을 너그럽고 둥글게 감싸 안는 예지를 갖추고 있다. 이는 할머니가 등장하지 않는 둘째 수가 상처투성이인 것과 대조된다. 너무 조심하다 계란으로 명명되는 소중한 어떤 것을 떨어뜨렸을 때 "나도 같이 떨어졌다"고 비관하며 과장한다. 이때 들려오는 할머니 음성. 삶은 원래 깨지는 것이라는 말씀. 깨지는 것, 이런 불행이 삶이란 거다. 할머니 말씀에 따라 자신을 돌아보니, 낮은 깨달음이 온다. "깨진 것은 계란만이 아니었"고, 나의 존재를 형성하는 바탕인 "오늘이 얇아져서 내일을 파먹"고 있구나. 그것도 모르고 지워지지 않는 "짙푸른 상처를 두르고" 살고 있었구나. 그런 자신의 모습이 눈에 들어오기 시작한다. 셋째 수에 이르러 할머니의 발화가 다시 이어진다. "꽉 쥐면 빠져나간다 잡는 듯 놔줘야지" 집착을 경계하고 잡은 듯 잡지 않은 듯 의식하지 않고 살라는 말씀. 아픈 것도 궁굴려서 너그러이 생각하시는 할머니. 알고 보면 이런 불행과 저런 기쁨이 현상만이 다를 뿐 똑같은 실체라는 것, 이런 둥근 기율이 이 시에는 있다. 이 시인의 많은 시가 그러하듯 이 시 역시 제목을 잡는 안목이 보통이 아니다. '아무렴, 계란'이라는 제목은 "아무렴, 그게 계란만의 일이 아니고 말고"라는 의미와 "그 자리 붙여놓으면/흉터도 꽃이라고"에서 알 수 있듯, "아물렴, 계란(아)"라는 어감이 미묘하게 서로를 당기는 긴장을 형성하고 있다.

>기도가 필요할 때만
>찾아가 엎드렸다
>
>억울하고 속상한 일
>모두 일러바치면
>
>엄마는
>깊고도 넓어

나보다
더 엎드렸다

―「신전을 찾아」 전문

나란히 엎드린 모녀의 장면이 떠오른다. 그중에서도 더 낮은 곳은 어머니 쪽이다. 언제나 어머니는 딸의 편이지만 딸을 위해 더 낮은 모성으로 또 엎드린다. 이 과정을 통해 딸은 무너지면서 '억울하고 속상한 일'은 해소되고 거둬들인다. 거둬들임은 물론 생명의 싹을 틔워 간다. 그러기에 어머니의 품은 신전이다. 세상 어느 곳보다 낮기에 어떤 종교도 다 들어앉고 세상 어떤 마음도 안을 수 있는 넓은 품의 신전이다. 여기서 우리는 어머니를 엎드림의 기원 같은 존재로 직관하는 시인의 예지를 읽을 수 있다. 이 낮은 신전은 '서로가 대못을 치고 뱉었다 지운 흔적' 가득한 이곳에서 '말랑말랑한 못'을 설파하신다.

> 한 발 뒤에 물러서서 싸운 적이 없다고
> 어머니는 말했다 물렁한 못이라고
> 아무도 찌르지 못해 안으로 파고든다고
>
> 흙 속을 파고들며 숨통을 틔워주는
> 말랑한 지렁이가 우리를 살린다고

그만한 못은 없다고
그런 못이 되라고

- 「말랑말랑한 못」 부분

　가학성과 공격성이 가득한 이 세상에서 어머니는 미물을 보듬어 안는다. 다름 아닌 '아무도 찌르지 못해 안으로 파고'드는, "물렁한 못" 지렁이를. 그것은 세상의 막힌 곳, 틈이 없는 "흙 속을 파고들며 숨통을 틔워" 뭇 생명들을 살린다. 어머니라는 대지모신은 인간과 더불어 이 우주라는 유기체를 구성하는 일원인 지렁이에게서 세상에 숨통을 틔워주는 존재의 신비를 발견한다. 그것은 몸 낮은 신성의 또 다른 양상이다. '지렁이'와 '못'이라는 예기치 않은 결합은 젊은 어머니의 나긋나긋한 설법을 빌려 시인 박화남의 낮은 눈길이 가닿은 지점에서 탄생한다. 세상의 사랑이 어디 육친이나 사람뿐이랴.

3
　박화남의 시에는 앞서 가볍게 언급한 것처럼 사람을 중심에 두지 않는 개방성을 가지고 있다. 아래 시는 식물을 통해 이타적 존재양식의 사랑을 발견한다.

울타리 넘어가다
울타리가 된 등나무

어깨를 뒤틀어서 철조망을 품었다

차갑게 얼어있는 네게
뼈를 심듯 몸을 연다

산등성이 넘어가다
발목 잡힌 나무처럼

그 자리 몸을 굽혀 너를 안아들었다

여기가 어딘지 몰라도
멀리 함께 가겠다고

- 「가령, 이런 사랑」 전문

"울타리 넘어가다/울타리가 된 등나무". "산등성이 넘어가다/발목 잡힌 나무처럼". 두 수로 되어 있는 이 시의 초장들은 언어의 운용이나 말법이 자연스럽기 그지없다. 시조의 자수율 흔적을 애써 찾지 않으면 발견할 수 없을 정도이다. 근래에 이런 흐름을 맛보았나 싶다. 첫째 수와 둘째 수는 흐름상 댓구를 형성한다. 얼마나 이타적이고 사랑한다는 행위만이 존재하기에, 자신도 모르는 사이에 울타리가 되었을까. 발목을 기꺼이 잡혔을까. 그것도 날카롭고 뾰족한 "철조망"을 "어깨를 뒤틀어서" 품고, 냉담하게 공격을 준비하고 있는 그에게("차갑게 얼어있는 네게") "뼈를 심듯 몸을" 열 수 있을까? 또 "그 자리 몸을 굽혀 너를 안아들" 수 있을까? 에리히 프롬은 이런 사랑의 양식을 존재양식being mode의 사랑이라고 했지만, 이런 사랑은 판단이나 이성에서 우러나오는 게 아니다. 헤아리고 있다는 사실조차도 의식하지 않을 때 나온다. 이런 생산적인 능동성과 자발성에 기초하기에 자신은 돌아보지 않는다. 그러기에 "여기가 어딘지 몰라도/멀리 함께 가겠다고" 스스로의 위치를 망각한 상태에서조차 조건 없는 사랑을 할 수 있는 것이다. 나무에서 발견하는 '자리이타自利利他'를 넘어서는 자발적인 사랑과, 이를 자신의 호흡과 어법으로 육화한 이 작품은 최근 우리 시조가 드물게 성취한 수확 중의 하나라 생각한다. '가령, 이런 사랑'이라는 허를 찌르는 제목을 만들어내는 능력은 또 어떤가?

시인의 이런 눈길은 생명 일반은 물론 생물의 종류와 공간을 초월해서 발생한다.

①
모든 것의 발자국이다 사라지는 물결은

한때의 근황을 잔잔하게 기록한다

두껍게 남기지 않고

새롭게 써나갈 뿐

시간을 찾는 것은 물기 없는 뒷모습

몸 풀고 내려앉은 새들의 걸음을

햇살에 찍어 보낸다

넓이와 깊이까지

안쪽은 바깥쪽을 껴안듯이 흘러서

오늘을 얻으려고 오늘을 지우는 방식

그 자리 출렁거리며

물의 몸 읽어낸다

-「물의 발자국」 전문

②
숨 가쁜 앵무새를 병원에 데려갔다
골반에 알이 걸려 진통이 컸던 것

미끄덩, 놀란 보름달
아랫배를 관통한다

암컷을 밀어내며 먹이를 가로챈 수컷
쇼윈도 부부였나 수컷을 나무랄 때

찬란을 삼키고 되씹어
산란은 찬란하다

간신히 숨 고르며 입맛을 다시는데
먹이를 토해내어 암컷에게 먹여준다

투명한 흰죽 같은 것
둘 사이가 뜨겁다

-「찬란과 산란 사이」 전문

③
1
햇살 물고 날아가다 유리벽에 부딪쳤다
부르르 발을 떨며 까무러친 물총새
급기야 나붙은 안내문
길이 아님 -주인백-

2
더듬이 짚어가던 달팽이가 멈추자
서둘러 좀 가라고 개구리가 건너뛴다
멈추고 서 있는 것도
내 속도의 일부야*

*톤 텔레헨 『고슴도치의 소원』 중에서

-「고통/사고」 전문

 사라지는 물, 앵무새의 사랑, 물총새와 달팽이, 개구리의 세계를 다룬 세 편의 작품들이 모두 시인의 낮은 자세에서 나온 것인데 이런 생명체에게서 발견하는 경이와 시적 인식이 인간을 반추하게 한다는 점이 매력이다.
 ①에서 시인은 물은 사라지면서 자신이 아니라 타자의 흔적을 남긴다("모든 것의 발자국이다 사라지는 물결은")는 오롯한 메시지를 전한다. 그것은 바람과 햇살과 새의 발자국 같은 것들인데, 인간과는 달리 "두껍게 남기지 않고//새롭게 써나"간다. 그럼에도 드러나는 "넓이와 깊이"가 있다. 더 놀라운 것은 "오늘을 얻으려고 오늘을 지우는 방식"이다. 홀가분하게 그날치를 다 지우고 새로 쓰는 이런 무욕은 이름이며 업적을 자꾸 남기려는 인간과는 사뭇 대조적이다. 많은 시인들이 물의 낮은 자세에 주목하였지

만, 이런 시적 인식은 새롭다.

②는 앵무의 부부애를 통해서 인간의 사랑이라는 것을 돌아보게 한다. "골반에 알이 걸려 진통"을 하는 암컷 앵무새. 마침내 나온 그 "놀란 보름달"(알)을 수컷이 가로채 버린다. "쇼윈도 부부"였구나, 수컷을 탓하는데 웬걸 천천히 되씹은 먹이를 토해내 암컷에게 주는 수컷. 이 장면이 "찬란을 삼키고 되씹어/산란은 찬란하다"라는 명구를 낳는다. '빛나다' '훌륭하다'라는 뜻을 가진 '찬란'이 그 모습을 통해 '목숨'이라는 의미로 솟구친다. '흩어져 어지럽다' '알을 낳다'라는 의미를 가진 '산란'이 '어긋난 예측'이라는 함의까지 가지면서 그 구절은 더 돋올해진다. 목숨이란 저렇게 찬란한 것을. 덩달아 어긋난 예측까지 보기 좋게 찬란하구나, 같은 말의 시니피앙을 한껏 활용하여 시적 감동의 파장을 끌어올리며 제목 '찬란과 산란 사이'로 이끌어내는 시인의 역량을 본다.

③은 단수 두 편이 옴니버스 형식으로 붙은 작품으로 각각 '소통'과 '속도'라는 것의 의미를 알레고리를 통해 제시한다. 1은 유리벽에 부딪쳐 까무러진 물총새에게 주인이 붙인 "길이 아님"이라는 안내문을 통해 언제까지 인간은 자기 본위로 살아갈 것인가를 따져 묻고 있고, 2는 개구리와 달팽이의 상대적 속도를 유머로 풀어낸 작품이다. 톤텔레헨의 "멈추고 서 있는 것도//내 속도의 일부야"라는 말이 중심 화두로 등장한다. 개체 간의 특성이 존중되어야 하는 생태계의 문제를 다룬다. 또한 '고통/사고'라 빗금을

친 제목에서도 '교통사고'라는 연상을 불러 일으키며 유머를 잃지 않게 하는 매력이 있다.

　이런 생태의식은 우리가 발 딛고 있는 도시뿐만 아니라 지구를 둘러싼 바다까지 이른다. 전자가 「파리지옥」이라면 후자는 「플라스틱 러브」이다. 「파리지옥」은 "출퇴근 지옥철"이라 불리는 지하철이 수축 이완 운동을 하는 '파리지옥'이라는 식물처럼 시민들을 녹여버리는 공격성을 내장하고 있음을 일깨운다. 「플라스틱 러브」는 무분별한 사용으로 미세 플라스틱으로 뒤덮인 바다 오염의 실상을 고발하는데, '플라스틱 사랑'이라는 말이 암시하듯이 너무 무겁지도 가볍지도 않은 어조로 풍자와 역설을 활용하여 형상화한 것이 이채롭다.

　이쯤에서 우리는 시인의 시선이 현실의 몰지각한 타자로 향할 때 적대적인 감정을 표출하는 방식을 고찰할 필요가 있을 것 같다. 시인은 이때도 직설적인 방식이 아니라 넌지시 부정적인 태도와 어조로 읽는 이와 느낌을 공유하는 방향으로 그 감정을 나타낸다.

　　뚝배기 식당에서 목소리가 깨졌다

　　받아 든 설렁탕에 머리카락 보인다고

　　자리가 펄펄 끓는다

쩔쩔매는 늦은 밤

트집이 묻어있는 대접과 대접 사이

대접을 받으려면 큰 그릇 되라는데

큰 뜻을 품을 줄 몰라

사람만 부풀었다

– 「대접을 대접하다」 전문

특정한 시적 상황을 구축하기 위하여 의도적으로 배치한 말의 질서를 주목할 필요가 있다. "받아 든 설렁탕에 머리카락 보인다고" 트집을 잡는, 느닷없이 돌출된 이 상황의 형상화를 위해 시인이 꺼내든 느낌의 전략은 서술어의 자리바꿈과, 점잖은 어조의 풍자 방식이다. 뚝배기의 일을 사람의 일로 치환하는 방법을 통해 시인은 사람의 목소리가 '깨지고', 자리가 '펄펄 끓고', 사람이 '부풀어오르는' 장면을 구안해 낸다. 뚝배기와 사람이 주체이동을 하는 기묘한 상황과 더불어 '환대'와 '큰 그릇'이라는 '대접'의 어감도 유머와 풍자로 통을 치며 행간을 건너간다. 이런 입체적인 시적 언술은 시인이 의미만으로 귀결되는 단순한 발화방식과 뚜렷이 구분되는 발화방식을 위해 채택한 것으로, 그것은 장식으로 기능하지 않고 자신의 느낌을 독자와 공유하려는 시적 지향에서 비롯된 것이다. 그래서 이 시조를 읽는 독자들도 시인의 다층적 발화방식에 지지를 보내면서 대리만족의 카타르시스를 느끼게 되는 것이다.

4

이제 우리는 시작 과정을 보여주고 있는 몇 편의 시조를 살펴보기로 한다. 이를 통해 시인에게 시란 무엇이며 제목을 포함하여 어떤 과정과 상황에서 태어나는지, 시인의 말법은 무엇인지를 알게 될 것이다.

먼저 창작과정의 구체적인 면을 차오르고 이울어지는 달의 형상과 그림자를 배경적 이미지로 그리고 있는 작품을 본다.

> 시가 좀 안 될 때는 처음을 더듬는다
>
> 위아래 바꿔보고 사정없이 지우면서
> 동사는 조금 눕히고 부사를 떼어본다
>
> 초승에서 상현까지 보름에서 하현까지
> 그믐엔 뜬눈으로 은하를 찾아간다
> 낮달이 허를 찌르며
> 문장 한 줄 놓는 동안

서쪽으로 지나가는 그림자 따라가며
사흘을 펼쳤다가 한 열흘 당겨본다

그곳에 닿기 위해선 몸을 좀 낮춰야지

-「달의 체위」전문

 "시가 좀 안 될 때는 처음을 더듬는다"라는 단서를 단이 작품은 한 편을 쓰기 위해 밀고 당기고 확장하고 덜어내고, 생각에 뜸을 들이며 자아를 얼마만큼 노출하는지에 이르기까지 글쓰기 전 과정을 다루고 있는 메타시라 할 수 있다. 첫째 수는 '처음'(시조의 본질)을 생각하는 초고의 첨삭과정 자체를 보여주면서도 그것은 위아래가 바뀌고(상현과 하현의 모습과 도치, 통사구조 변화), "사정없이 지우면서/동사는 조금 눕히고 부사를 떼어"(달의 이울어짐과 여백)내는 과정이 거의 일치한다. 둘째 수는 시가 육체성을 확장하고 다시 몸피를 줄여가는 과정("초승에서 상현까지 보름에서 하현까지") 마감(그믐)을 앞두고 밤을 새워 생각의 갈피를 무한정으로 넓히("그믐엔 뜬눈으로 은하를 찾아간다")면서도 그 이면의 "낮달이 허를 찌르며" 시의 방향성을 트는 과정까지 형상화한다. 셋째 수는 아직 미심쩍은 형식미를 위해 "사흘을 펼쳤다가 한 열흘 당"기면서 더불어 흐트러짐 없는 시에 닿기 위해 겸손한 자아의 자세를 갖추는 창작자의 고뇌와 고통을 형상화한다. 앞서 어느 정도 밝혀졌지만 제목이 '달의 체위'라 명명된 것도 차오르고 이우는 달의 형상은 그 자체로 작품의 변모양상과 같은 형식을 띠고 있기에 붙여진 것이다.

아래 작품은 '말'이 어떻게 만들어지고, 그것은 어떻게 전달되는지를 알 수 있어 흥미를 끈다.

> 입 있어도 말 못 하는 꾸덕한 동태처럼
> 폭설 가득 머금고 살이 터진 사람들
>
> 칼바람 손으로 잡고
> 겨울을 뒤집는다
>
> 등줄기를 흐르며 오래 젖어 비린 말
> 얼었다 녹았다가 너에게 가닿는다
>
> 공중에 마르는 햇살
> 뼛속까지 저장한다
>
> -「겨울 파일」부분

용대리 황태덕장을 배경으로 하고 있는 이 작품에서 시인은 첫말의 창조 순간을 "입 있어도 말 못 하는 꾸덕한 동태"가 물고 있는 '언 말'에서 찾는다. 아직 굳은 입 때문에 입을 열지도 첫말을 뱉지도 못하고 그 냉랭한 칼바람과 겨울을 잡거나 뒤집을 뿐이다. 그러는 가운데, 이윽고 땀이 나는 "등줄기를 흐르며 오래 젖어 비린 말"이 "얼었다 녹았다가 너에게 가닿는" 것이다. 언 말과 녹는 말, 엄정성과 풀리는 감성이 교차하는 가운데 말은 태어나고, 그 말들이 독자에게 가닿는다는 것이다. 우리는 이 때 '언 말'을 대상이 주체 속으로 들어오기 이전의 상태, '녹는 말'을 대상과 주체의 몸 나누기라고도 부를 수 있겠다. 이 과정에서 내부와 외부는 "공중에 마르는 햇살/뼛속까지 저장한" 상태가 되어 작품의 완성에 다다를 수 있는 것이다. "뼛속까지 저장한다"라는 구절은 결국 '겨울 파일'이라는 작품의 제목을 배태하고 있음을 알 수 있게 한다.

이를 거쳐 시인은 시란 무엇이며 시인의 삶이란 무엇인가를 묻는 질문에 답하는 과정에 도달한다.

가을은 익어가는데
그녀는 텅 비었다
호박죽 끓이는 일이 뜨거운 하루라고
그 자리 오래 머물며 입맛을 저어준다

눈앞이 막막할 때
그리운 건 정이다

푹푹 빠진 맨 삶이 스스로를 달래며
씨를 뺀 둥근 말과 표정

데워서 담아낸다

바깥이 단단해도 속은 더 풀어진다
퍼낼수록 짙어지는 손끝의 농도
더 달게 살아내려고
한 계절을 허문다

- 「죽! 이는 여자」 전문

"가을은 익어가는데/그녀는 텅 비었다"는 첫째 수 초장부터가 심상찮다. 왜냐하면 빠른 계절의 변화와는 달리 자신은 가난한 영혼이라는 상실감과 괴리감이 두드러지기 때문이다. 생활이라는 늪에 "푹푹 빠진 맨 삶" 그걸 보상이라도 하듯 그녀는 "호박죽 끓이는" 일을 무슨 의식처럼 "한 자리 오래 머물며" 행한다. '죽'은 입맛을 잃어 "눈앞이 막막할 때" 담아내는, 내면의 허기를 달래는 그리운 정 같은 음식이다. 그런데 우리는 여기서 '죽'을 시로, 죽 끓이는 과정을 작품을 쓰는 과정으로 보는 것도 가능하다는 생각이 든다. 죽을 끓일 때 씨 같은 거친 관념어를 골라내고 삭을 때까지 기다리는 것은 그대로 창작행위이고. 이는 또 진리의 직접적 개진이 아니라 형상화를 통한 전달이라는 함의를 내포하며, 이어지는 마지막 수 초장 "바깥이 단단해도 속은 더 풀어진다"는 단단한 형식 속에 스며드는 감동이라는 의미로 읽을 수 있기 때문이다. 겉은 굳어 보여도 속은 한 없이 무른, 그리하여 한 그릇의 죽은 속(마음)이 아픈 영혼을 달래주는 양식이다. "그동안 무엇하였느냐는/ 물음에 대해/다름 아닌 인간을 찾아다니며/물 몇 통 길어다 준 일밖에 없다"는 시(김종삼, 「물통」)처럼, 시인은 땅 위의 생을 영위하는 동안 죽 장수의 생을 사는 것이다. 마침내 종장 "더 달게 살아내려고/한 계절을 허문다"에 이르면 첫째 수 초장에서 느꼈던 나와 대상 간의 괴리감이 말끔히 극복된다는 점도 그것을 뒷받침한다. 그렇다면 왜 제목을 '죽! 이는 여자'로 했을까. '죽을 끓이는 여자'라는 함의와 함께 '사람의 마음을 황홀하게 하거나 녹이는 여자'라는 의미도 들어 있기 때문이다. 허기진 육신의 양식인 '죽'이, 허기진 영혼의 양식인 '시'로 탈바꿈을 하는 과정을 이 작품은 내밀하고도 유연하게 수행하고 있는 것이다.

5

고유의 양식 아래 제법 두터워진 성과물들을 내왔음에도 시조라는 '오래된 책'의 한 켠에 귀를 기울이면 여전히 "너 어떻게 살아 있어? 하고 싶은 말은 뭔데?"라는 음성이 나직이 배어 나온다. 그때 "살펴 봐. 나의 매직magic의 끝은 제목에 있어. 나의 시는 낮은 자리, 세상 갈渴한 영혼의 입술을 적시는 중이야"라고 말하는 어떤 영혼의 음성을 들었다. 돌아보니 박화남이었다.